J.EDERDAF DISES BUCH ONE ZUFRAGEN NEMEN

Liebe Omi
ich lade dich
zumeinen
7. P Iengdaurz
ag ein
Meine
wünzge Mon=
schischi
eltire Taßch
Deine
77 Lea

Die Hauskatze ist selten eine weiße

Texte von 21 Kindern mit Bildern von Katrin Stangl

Büchergilde Gutenberg

Die Feen im Märchenwald

Vor langer langer Zeit lebten 13 hübsche Feen im MärchenWald. Sie lebten mitdem Vate von ihnen nähmlich deen König der Feen. Der König hatte eine Frau die hieß Maluscha. Aber es war nicht die richtige Frau, weil die richtige Frau von einer bösen Hexe entführt wurde. Und die Töchter Isabela, ~~Ana~~ Anabela, Dorabela, Mayabela, Majabela, Mirabela, Glitzerbela, Sternenbela, Tiger bela, Himmel bel Sonnenbela, Kolibela und Klarabela hatten davon keine Ahnung das ihre Mutter entführt wurde weil sie klein waren. Doch bald fanden siedie Hexe, Das war Maluschas böse Schwester. Sie kämpften gegen Maluschas Schwester, und sie gewannen. Die Schweste von Maluscha war besiegt und die 13 Töchter Isabela, Dorabela, Anabela, Maya bela, Majabela, Mirabela, Glitzer.bela, Sternenbela, Tigerbela, Himmelbela, Sonnenbela, Kolibela und Klarabela bekame ihre Mutter analisa zurück.

Nassfutter und Trockenfutter

Katzen essen Nassfutter und Trockenfutter regelmäßig zu Hause. Abens und Morgens. Und sie essen gernene Tunfisch und Käse.
Ich nenne ein paar Katzenarten.

Langhaarkatzen,

Hauskatzen,

Kurzhaarkatzen,

Perserkatzen,

Abessinierkatzen

Colourpointkatzen,

Burmakatzen,

Birmakatzen

Siamkatzen

Manxkatzen,

und so weite

Katzen sind Nachttiere –
und nachts gehen sie auf die Jagd
und schlafen tagsüber.

Den 28. 9. 1953

Liebe Großeltern! Tante Lies und Lin
Ihr habt euch sicher Sorgen gemach
warum wir so lange nicht schreib
Es ist wegen meiner dummen Schu
le.
Aber welches Fest hat uns Herr Wilan
am Samstag bereitet, daß wir 3 Wo-
chen Ferien bekommen.
Heute habe ich bis 9 Uhr geschlafen.
es ist dann so fein wenn man
dann beim anziehen noch ein we-
nig rumbummeln kann, das wa
man (bei) wenn man Schule hat
nicht kann.

Liebe Mama

Weißt du ich kann es einfach nicht fassen das die jetzt in der Schule sitzen und erst ein obermegatolle Frühstück machen und dann noch eine supermegatotalcooleobermega schöne Schulrelli

machen!!!!!!!!!!!!!!!!!
Ich könnte jetzt ein leeres Schwimmbad mit Wasser vol heulen denn wenn ich wieder in die Schule gehe sind die schon voll weit kennen alle Lehrer und alle Räume und fangen schon richtig mit dem unterricht an und un

und und............DAS ISTSCHEIßE!!!!!!!!!!!!!!!! !!

Vieleicht fragen dann alle sogar noch "THHHH HAST DU

NOCH LÄUSE"

Der gelbe Tannenbaum

Es war einmal ein Tannenbaum der sagte: „so eine frechheit ich bin so gelb und die anderen sind grün. Ich müste es dem Förster sagen das ich auch grün sein möchte. Aber ich kann nicht laufen. Aber da! Wer kommt den da! Der Förster. Juhu! Herr Förster? können sie einmal kommen? Da sagte der Förster: „Ja worüber geht es den. Da sagte der Tannenbaum: Ach ich bin so gelb und die anderen sind grün. Da sagte der Förster: „Ja das stimmt aber ich kann nichts machen.
Doch eines Nachts wachte der Tannenbaum auf und dachte wiso bin ich aufgewacht? und merkte das er aufeinmal grün war.

EXPERIMENTE

ZUCKERFIGUR

DU BRAUCHST
ZUCKERWASSER
DAN FORME SI
UND DAN MALE
SIE MIT ESSFAR-
BEN UND DAN
STELE DI MASE
IN BAKOFEN
HOLE SIE RAUS.
FERTIG

HARZ EDELSTAIN FIGUR

DU BRAUCHST HARZ
UND FIGURN DAN
NIMST DU DAS HARZ
UND WÜRFST DAS HARZ
UND IN 1 PAR JAHREN
IST SI AINE HARZ FIGUR

FERTIG

Nr. 2 19.3.84

Ein Cowboy – Schiff – stolpern

Ein Cowboy

Ein Cowboy mit Namen Bret Maverik ritt durch die Wüste nach Kalifornien. Als er dort angelangt war, riefen sie alle: „Seht nur, Bret Maverik ist wieder da!" „Ach, da sind Sie ja, Maverik, wollen wir eine Runde Skat spielen?" „Meinetwegen." „Das sind John, Bill und Mecki Messer. Kommt, Jungs, wir gehen in den Saloon!" „Fünf Whisky!" „Was für einen?" „Am besten einen Chiwas!" Als sie mit der Skatrunde fertig waren, sagte Maverik: „Kommt mit zum Golf, dort habe ich ein Schiff liegen, dann können wir raus fahren." An seiner Jacht angelangt, stolpert Mecki Messer schon am Steg.

Einleitung

Die Geschichte hört ganz plötzlich auf, außerdem besteht sie vorwiegend aus Gesprächen. Im Grunde genommen besteht Deine Erzählung fast nur aus der Einleitung. Es passiert nichts, was Spannung erzeugen könnte. Schade, denn vom Ausdruck her ist die Erzählung in Ordnung!

ausreichend 9.4.84

Sa

der glaus hat kein haus

der glaus hate kein haus.
er hate ein Regen Schirm und
ein Bort mone wo 100€ drin
war. er fur nach der Tückei
und da kosten die Häuser 1€.
und glaus gaufte 50 Häuser

FLORATER
FMULFIXALA
RENAULXAMALA
QMITELA
ORGINELAR
FU.XMIXALIA
PIXULUXA

4. Arbeit. den 5. September.

Vom Hinfallen.

Als ich noch kleiner war, und wir in Hartmannsdorf wohnten, wollte ich hinunter in den Garten. Ich war schon einige Stufen die Treppe hinunter, da ging es mir zu langsam, und ich wollte gleich 2 Stufen auf einmal nehmen, trat aber daneben und purzelte die ganze Treppe hinunter. Unten sah ich auch meine Mutter schon die Treppe herunterkommen und weil ich so heulte, trug sie mich gleich hinauf und sah, ob ich etwas gebrochen hätte.

Ich bin aber glücklich nur mit dem Schreck davongekommen.

2b

Male etwas Sommerliches!

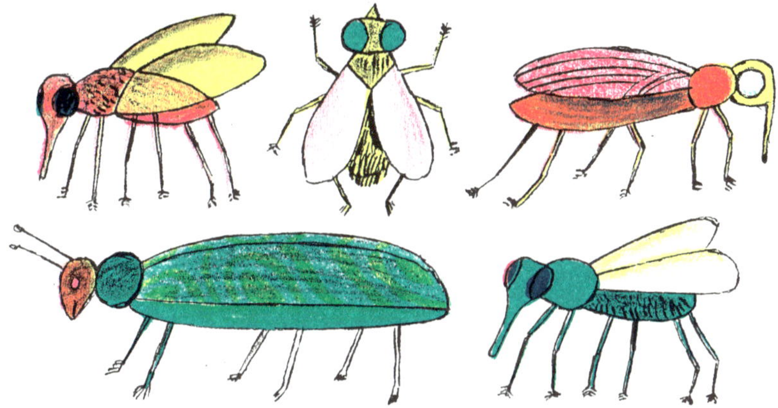

29.7.35

Heute war das Wetter mittelmäßig. Die Sonne kam immer mal raus. Wir maschierten zu den Klippen ich fand ~~Versteinerungen~~ Muscheln. Anja wurde schlecht sie workste auf den Boden. Dann kammen wir heim: Anja und ich fingen (immer) Fliegen die wir dann in Freiheit ließen damit vergäng der Mittag.

Vorgang: Eine Fliege raus 3 Fliegen rein und so ging es immer weiter bis es bald mehr als 20 Fliegen waren. Dann machten wir Durchzug Und die ganzen Fliegen gingen von selbst raus.

LIEBE ALTE OMA WIR WAREN JEZT BAI DIR ICH DANK DIR DAFÜR ● 60 100 850

Mein schönstes Ferienerlebnis

Mit dem Zug bin ich mit Papa, Mama, Oma, Jvo und Achim von Pfronten nach Plön gefahren. Das waren 2340 km. So weit bin ich noch nie Zug gefahren. Jn der Ostsee haben wir gebadet. Da gab es viele Quallen. Uiii die waren so schlotterig.

Es war Ein mal vor langer langer zeit ein Trakula

Es wahr Fohr Langer langer Zeit
Eine Burg Da Lebte einzt ein Trakula.
Es war einmal ein Schlos da lebte einzt
ein König und eine Prinzesin Der König Lies
seine Tochter ein mal Ausgehen so ging sie
Lange zeit als Plözloch neben ihr was
Raschelte und sie Schrie Hielfe, Hielfe aber dan
waar es doch nur ein Kater auf dem Baum
Nach dem Sie sich von ihren Schreck
erholt hate kam schon das nechste
unheil auf einmm einmal hörte
Sie wieder was.

HUHuHuHuHuuhu

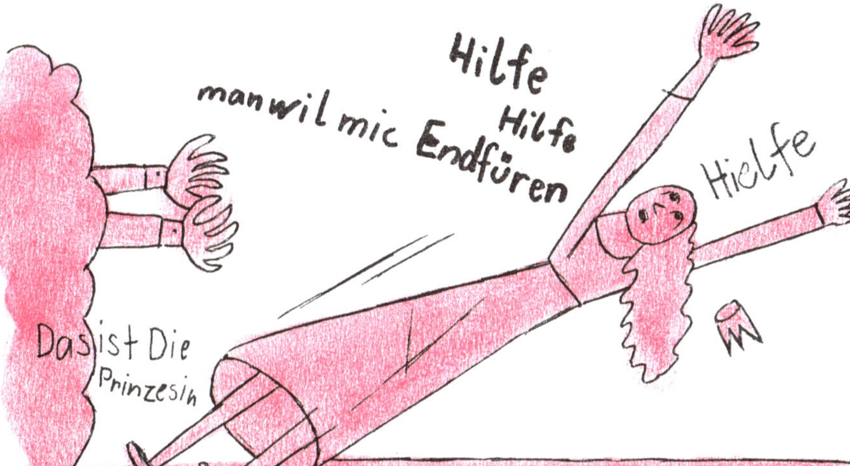

Auf einmal Hörte sie

Plötzlich Hinter einem Busch was Rascheln Hinter dem Busch stant Trachula der im Land sein unwesen getriben hate. da auf einmal Pakte er die Prinzesin sie schrei Hilfe Hilfe. Auf einmal kamm miten ein Reiter angerieten und Befreite die Prinzesin

und so feierten sie ein groses Fest.

Die Libe

Warum Lipt man sich.
Warum küst man.
Warum Heiratet man.

Ich weis Warum man sich Lipt.
jar ich weis es
wen man sich mak Lipt man sich.
ich weis bie
Sterne mögen Alle.

Die Sone get
unter wen die
Nacht nahet.

Mit
Lieben
wortch
Gamah Das
Herz reberiren

NIWIDER
DÖFENHIR
KLENKIN
DERREIN
KÖLEALAF

Mein Lieblingstier ist der Ochse

Ihr hatten einen Ochsen der zog
anricht Mein Onkel hatte einen
Ochsen den brauchte er nicht
den gab er uns.

wir hätten in nicht genommen
aber weil unser Pferd gestorben war
hatten wir blos noch ein Zie-
pferd und ein einjahriges Fohlen.

er Tag war um und der Abend
kam herein und meine Mutter
nd Vater gingen in den Stall.

Wo sie fertig im Stall waren
mußtex meine Mutter noch die
Milch herein hohlen

unn aßen wir. Als wir gegessen
atten ging ich gleich zubett,
ı mußte früh um fünf aufstehen

Als ich früh aufwechte war mein
Vater schon unten. ich zog meine
Schuhe an und wusch mich ab und aß
dann ging es los.

Wir gingen nach Einsiedel,
durch einem Wald es war im
Sommer die Vögel sangen

bald kamen wir in das Dorf
wo wir den anderen Ochsen holden
wollten

Wo ich den sach hatte ich
große Freude, und
wir sind wieder abgerückt.

Unterwegs mußte ich den Ochsen
antreiben weil er nicht schnell
genug lief. Ich dachte ob der Ochs
gut oder bös ist.

Als wir Berbisdorf erreicht hatten
waren wir sehr froh, die Beine
waren schlapp. Wir schafften den
Ochsen in den Stall

Den Nächstentag haben wir ih
mit eingespannd der Ochse zog
fiel mehr als das Pferd.

Ich habe dann auch immer damit gefahren bis jetzt haben w
den Ochsen noch, und er muß tüchtig ziehen.

ich Habe mich ~~Ni~~ Ni
cht Getraut dir
zu sagen das di
kete ein bischen
kapurt gangen
ist

Den 7. April 1951

die Sonne schien. ich war mit Oma und Opa in Königsfeld. An einem Nachmittag ganz allein. mit meinem Opa einen Schpaziergang machen zu den Alemannengräbern. Als wir hinkamen, es war fast schwer den Weg zu finden. Dazu hatte ich doch einen Knopf verloren den wir auch noch suchen mußten. Später kamen wir an einem weg vorbei, da sagte Opa: „Guck, Hiltrud hir ist sogar ein Auto gefahren; aber ich habe gleich gemerkt, daß Opa Spaß machte, denn ich sah, daß hier eine Kuh vorbei gegangen war. Opa und ich waren sehr vro als wir zu hause waren, denn wir waren müde und hungerig

Diesen Spaziergang werde ich nih vergesen.

Die Tollen Hefte werden von Rotraut Susanne Berner in Nachfolge von Armin Abmeier herausgegeben. Das achtundvierzigste Heft »Die Hauskatze ist selten eine weiße« erscheint im September 2017. Katrin Stangl illustrierte das Heft mit Original-Flachdruck-Grafiken in fünf Sonderfarben. Die Farbauszüge fertigte sie von Hand. Die Texte stammen von 21 Kindern, deren Originalhandschrift verwendet wurde.

Alexander Winterkamp
Anja Neuefeind
Anonym
Antje Damm
Carlotta
Edda Schiller
Erich Uhlrich
Helene Stangl
Hiltrud Bramm
Jacob Fauser
Karl Otto Hildebrand
Katarina Wagner
Lea
Leni Neuefeind
Maya Miszalowska
Merle Neuefeind
Monika Bramm
Ole Bramm
Philipp Stangl
Rebekka Gather
Silja Damm

Herzlichen Dank an alle Kinder, Eltern, Großeltern und Sammler, die ihre Schätze ausgegraben und zur Verfügung gestellt haben. Es hat Spaß gemacht!
Dieses Heft ist nicht das erste Projekt von Katrin Stangl mit Kindertexten. Die Sammlung kann gerne durch weitere Zusendungen erweitert werden: illustration@katrinstangl.de.

Den Druck auf Munken Pure der Firma Arctic Paper, Schweden, besorgte das Memminger MedienCentrum in Memmingen, die Fadenheftung Lüderitz & Bauer Berlin. Die einmalige Auflage beträgt 3000 Exemplare. Von diesen sind 150 Exemplare als Vorzugsausgabe nummeriert und von der Künstlerin signiert. Ihnen liegt zusätzlich ein signierter Siebdruck bei.

www.buechergilde.de
www.edition-buechergilde.de

ISBN 978-3-7632-6048-5 für die Büchergilde Gutenberg
ISBN 978-3-7632-6148-2 für die Vorzugsausgabe
ISBN 978-3-86406-086-1 für die Edition Büchergilde

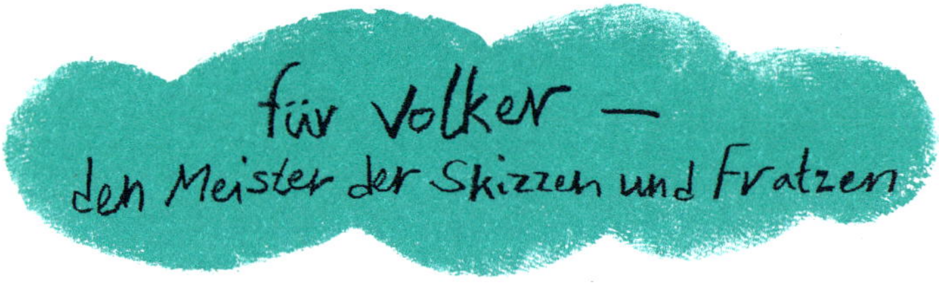